BEI GRIN MACHT SICH IHR WISSEN BEZAHLT

- Wir veröffentlichen Ihre Hausarbeit, Bachelor- und Masterarbeit

- Ihr eigenes eBook und Buch - weltweit in allen wichtigen Shops

- Verdienen Sie an jedem Verkauf

Jetzt bei www.GRIN.com hochladen und kostenlos publizieren

IT-Sicherheit. Das "Bring your own Device" Konzept

Jens Bader

GRIN ☺

Bibliografische Information der Deutschen Nationalbibliothek:

Die Deutsche Nationalbibliothek verzeichnet diese Publikation in der Deutschen Nationalbibliografie; detaillierte bibliografische Daten sind im Internet über http://dnb.d-nb.de abrufbar.

ISBN: 9783346599193
Dieses Buch ist auch als E-Book erhältlich.

Druck und Bindung: Books on Demand GmbH, Norderstedt Germany
Gedruckt auf säurefreiem Papier aus verantwortungsvollen Quellen

Das vorliegende Werk wurde sorgfältig erarbeitet. Dennoch übernehmen Autoren und Verlag für die Richtigkeit von Angaben, Hinweisen, Links und Ratschlägen sowie eventuelle Druckfehler keine Haftung.

Das Buch bei GRIN: https://www.grin.com/document/1176511

Geschlechtsneutrale Schreibweise

Im Rahmen dieser Arbeit wird soweit wie möglich dem Gendergedanken Rechnung getragen, indem versucht wird, eine entsprechende Bezeichnung für beiderlei Geschlecht zu finden. Jedoch wird bei jenen Fällen, wo dies nicht gelang, zugunsten einer besseren Lesbarkeit auf das generische Maskulinum zurückgegriffen.

Personenbezogene Ausdrücke, wie "Schüler" oder "Lehrer", werden im Text – gemäß den Grundregeln der deutschen Sprache – in ihrer allgemeinen Bedeutung angewendet. Sie beziehen sich gleichermaßen auf Frauen und Männer, solange nicht explizit eine geschlechtsspezifische Unterscheidung vorgenommen wird.

Inhalt

Geschlechtsneutrale Schreibweise 1

Abbildungsverzeichnis.. 3

Abkürzungsverzeichnis 3

1. Einleitung 5

2. Theoretische Grundlagen.. 5

    2.1   Bring your own Device – Begriff und Gründe 5

    2.2   Geschichte... 6

    2.3   Herausforderungen... 7

3. Lösungsansätze 16

    3.1   BYOD Richtlinie 16

    3.2   Mobile Device Management 19

4. Vor und Nachteile.. 19

    4.1   Vorteile... 20

    4.2   Nachteile.. 20

5. Fazit und Ausblick 21

Literaturverzeichnis 25

Abbildungsverzeichnis

Abbildung 1: Beispiel Lizenzrecht Adobe InDesign (vgl. Adobe 2020, 2021)............... 10

Abbildung 2: Strategien für mobile Geräte und das Ausmaß der Kontrolle durch die Organisation (Nunes et al. 2016, S. 56) 11

Abbildung 3: Funktionen von Mobile Device Management (ManageEngine 2021)...... 14

Abkürzungsverzeichnis

Bspw.   –   beispielsweise

z.B.   –   zum Beispiel

Ggf.   -   gegebenenfalls

Abs.   -   Absatz

Hg. V.   -   Herausgegeben von

BMAS   -   Bundesministerium für Arbeit und Soziales

CIO   -   Chief Information Officer

EU   -   Europäische Union

BSI   -   Bundesamt für Sicherheit in der Informationstechnik

CISA   -   Cybersecurity and Infrastructure Security Agency

VPN   -   Virtual Private Network

ERP   -   Enterprise Resource Planning

NAC   -   Network-Access Control

SIEM   -   Security Information and Event Management

SOC   -   Security Operations Center

FaZ   -   Frankfurter allgemeine Zeitung

GG   -   Grundgesetz

BGB   -   Bürgerliches Gesetzbuch

TKG   -   Telekommunikationsgesetz

TMG   -   Telemediengesetz

BDSG   -   Bundesdatenschutzgesetz

UrhG	-	Urheberrechtsgesetz
BetrVG	-	Betriebsverfassungsgesetz
HGB	-	Handelsgesetzbuch
AO	-	Abgabeordnung (steuerrechtlich)
StGB	-	Strafgesetzbuch
ZKDSG	-	Zugangskontrolldiensteschutz-Gesetz
LMZ BW	-	Landesmedienzentrum Baden-Württemberg

1. Einleitung

Während die Corona-Pandemie nach einer kurzen Sommerflaute nochmals richtig Fahrt aufnimmt, wird ein Konzept immer wichtiger – das Bring your own Device Konzept. Kein Wunder, dass die Bundesregierung die Pflicht für Arbeitgeber, seinen Mitarbeitern Homeoffice anzubieten, für sinnvoll erachtet hat. (vgl. BMAS; Bundesregierung) Doch dabei standen viele Unternehmen vor großen Herausforderungen. Neben Lieferengpässen in nahezu allen Elektronik-Sparten, sodass es kaum möglich war einen Arbeitsplatz im heimischen Büro auszustatten, standen die Unternehmen vor großen organisatorischen, wie auch sicherheitsrelevanten Herausforderungen. Die Geräte der Arbeitnehmer verwenden, um mobil von überall aus zu arbeiten, war hierbei die Lösung vieler Unternehmen. BYOD – Bring your own Device – zu Deutsch etwa: bringe dein eigenes Gerät, nennt sich dieses Konzept. Dieses Konzept soll in dieser Arbeit vorgestellt werden, die Herausforderungen herausgearbeitet und diskutiert werden, sowie die Vor- und Nachteile von Stakeholdern gegenübergestellt werden. BYOD ist nicht erst seit der Corona-Pandemie bekannt. Eine Statistik des EHI Retail Institute ergab bereits 2015, dass 26% der Unternehmen ihren Arbeitnehmern BYOD anbieten. (Statista 2015)

2. Theoretische Grundlagen

2.1 Bring your own Device – Begriff und Gründe

Unter dem Namen Bring your own Device (BYOD) wird ein Unternehmensprogramm zum Einsatz von IT-Geräten verstanden, bei welchem Mitarbeitende Geräte im Arbeitskontext verwenden können und auf IT-Ressourcen des Unternehmens zugreifen können. Dabei ist das Gerät Eigentum des Arbeitnehmers. (vgl. Susanne Dehmel 2013, S. 5)

BYOD bedeutet übersetzt ins deutsche „bringe dein eigenes Gerät". Mit Gerät sind dabei nicht nur statische PC-Arbeitsplätze und Laptops gemeint, sondern auch mobile Endgeräte wie Smartphones und Tablets.

Dabei kursieren vielerlei Begrifflichkeiten rund um das BYOD-Konzept, die voneinander abgegrenzt werden müssen:

- BYOC – Bring your own Computer und BYOPC – Bring your own PC sind mehr oder weniger Synonyme zu BYOD, allerdings werden die Geräteklassen dabei eingeschränkt.

Klar abzugrenzen gelten dabei folgende Konzepte:

6

- CYOD - Choose your own Device: Dieses Konzept erlaubt einem Arbeitnehmer, ein Endgerät aus einem vorgegebenen Rahmen, den der Arbeitgeber vorgibt, zu wählen. Dies hat für das Unternehmen einige Vorteile, welche zu einem späteren Zeitpunkt in dieser Arbeit behandelt werden.

- und UWYT – Use what you are told: In diesem Konzept nutzt der Arbeitnehmer das Endgerät, welches er vom Arbeitgeber gestellt bekommt. Es ist dabei noch strikter, als das CYOD.

Während der Laptop sich kaum von dem bekannten stationären Arbeitsplatz abweicht, sind Smartphones und Tablets für den Consumer-Markt entwickelt. Hardware und Betriebssystem sind auf private Belange der Nutzer abgestimmt. Das Bedienkonzept, sich sein Gerät nahezu nach grenzenlosen Wünschen mittels Apps zu individualisieren, führt zu neuen Nutzerverhalten. Das Smartphone und Tablet haben sich zu Allzweckwaffe gewandelt und werden als Kommunikationsmittel, vorzüglich für Social Media, Musik Abruf, Fotoapparat, uvm. genutzt. Die Nutzung von Laptops beschränkt sich dabei nur noch auf Musik, Fotos, Videos oder dem Abrufen von Internetseiten. (vgl. Walter 2014, S. 84–85) Dieser Wandel des Nutzungsverhaltens führt dazu, dass Unternehmen vermehrt BYOD anbieten, um dem immer größer werdenden Fachkräftemangel entgegen zu wirken. (vgl. CANCOM.info 2018)

2.2 Geschichte

Einige Jahre nach dem von Apple, mit ihrem ersten Smartphone, ausgelösten Boom um diese Geräte kam der Wunsch von Arbeitnehmenden auf, eigenen Geräte auch im Arbeitszusammenhang einzusetzen. Dieses etwa um 2010 stattfindende Phänomen wurde zusätzlich davon begleitet, dass privat modernere Geräte eingesetzt wurden, als im Arbeitsumfeld. (vgl. Borski 2016, S. 3) (Böhm) hingegen schreibt, das Bring your own Device aus den technikaffinen Gesellschaften im asiatisch-pazifischen Raum stammt. (vgl. Böhm 2013, S. 3)

Als ein Beispiel und vielleicht sogar als prägend für BYOD kann hierbei Barack Obamas Wahlkampagne um 2008/2009 betrachten. Hierbei arbeiteten seine Mitarbeiter während des Wahlkampfes mit den neuesten Apple Produkten. Als Obama dann mit seinem Beraterstab ins neue Haus einzog, geriet die Arbeit ins Stocken, da die Mitarbeitenden aufgrund der hohen Sicherheitsanforderungen und veralteter PCs die Arbeit schwerer fiel. (vgl. markusgross.de 2014)

In Deutschland ist im Jahre 2013 BYOD zwar angekommen, jedoch ist der Trend hierzulande nur mit gebremster Euphorie zu beobachten. Dabei spielen die strengen IT-Richtlinien und vor allem die Skepsis der IT-Verantwortlichen eine große Rolle. (vgl. Böhm 2013, S. 3)

Gedrängt von der Corona-Pandemie in welcher zum Zwecke der Minimierung des Infektionsrisikos Homeoffice-Angebote angeboten werden müssen, zeigen aktuelle Studien des Netzwerksicherheitsanbieters Fortinet deutliche Fortschritte im Hinblick auf BYOD. Von den in der Studie befragten Personen unter 30 Jahren gaben knapp drei Viertel an, dass sie aktuell private Geräte für berufliche Zwecke nutzen. (vgl. König Andrea 2020)

2.3 Herausforderungen

Mit einer Einführung von BYOD in einem Unternehmen entstehen diverse Herausforderungen. Sie sind grob in in 3 Bereiche untergliedert: dem IT-Sicherheitsaspekt, dem rechtlichen Aspekt und einem Sozialen Aspekt

2.3.1 Rechtliche Aspekte

In Deutschland ist das BYOD-Konzept vor dem Boom durch die Corona-Pandemie in den vergangenen zwei Jahren nicht flächendeckend eingesetzt worden. Das liegt nicht nur an den strengen IT-Sicherheitsrichtlinien, die Unternehmen selbst vorgeben, sondern auch an der Gesetzgebung in Deutschland und der EU. In der Welt sind Deutsche dafür bekannt, diszipliniert alle Vorschriften einzuhalten und stets gesetzeskonform zu sein. BYOD bringt Unternehmen hierbei aber in eine Zwickmühle, da hierbei immer wieder Widersprüche entstehen.

Das fängt bereits mit dem zu integrierenden Gerät an, welches in die Unternehmensinfrastruktur integriert werden soll, denn das ist im Eigentum des Mitarbeitenden. So darf das Unternehmen nur mit Zustimmung des Mitarbeitenden auf dessen Endgerät zugreifen. Dies erfordert eine schriftliche Vereinbarung. Ein Teil der Daten auf dem Endgerät gehört dem Unternehmen. Das Unternehmen haftet für die Verwendung der Programme und Firmendaten, die auf dem Gerät verarbeitet werden. Dabei greifen bereits diverse Gesetze aus den Bereichen Eigentumsrecht, Lizenzrecht, Urheberrecht und Datenschutzrecht. Schnell gerät man in rechtliche Grauzonen, wenn Ereignisse, wie Datenverlust, Kompromittierung des Geräts, oder ähnliches auftreten. (vgl. datenschutz-und-it-sicherheit.de 2021)

Aber nochmals alles auf Anfang. Das Thema BYOD birgt einige rechtliche Hürden, die zu beachten sind. Im Folgenden wird der rechtliche Aspekt nochmals in 3 Bereiche, Datenschutzanforderungen und Lizenzrechtliche Anforderungen unterteilt und genauer betrachtet. Neben diesen beiden Bereichen lassen sich noch viele weitere Bereiche finden, die an dieser Stelle nicht weiter betrachtet werden. Dabei handelt es sich um allgemeinrechtliche Dinge, aber auch um Spezialrechtliche Themen. Beispielsweise aus dem Grundgesetz (GG), dem Bürgerliches Gesetzbuch (BGB), dem Telekommunikationsgesetz (TKG), dem Telemediengesetz (TMG), dem Bundesdatenschutzgesetz (BDSG), dem Urheberrechtsgesetz (UrhG), dem Arbeitsrecht (Betriebsverfassungsgesetz, BetrVG), dem Handelsrecht (HGB und weitere), dem Steuerrecht (AO und weitere), dem Strafrecht (StGB), bestimmte EU-Richtlinien und gegebenenfalls weitere (z. B. Zugangskontrolldiensteschutz-Gesetz (ZKDSG)). (vgl. Kohne 2015, S. 26–27)

2.3.1.1 Datenschutzanforderungen

Ignorantia legis non excusat - Unwissenheit schützt vor Strafe nicht – alter römischer Rechtsgrundsatz

Die Datenschutzanforderungen stellen den vermutlich größten und wichtigsten Part des rechtlichen Aspekts dar.

„Das Unternehmen sollte jederzeit die Kontrolle über geschäftliche Daten wie E-Mails, Dokumente und Applikationen haben. Denn für dienstliche Daten, insbesondere personenbezogene Daten, trägt das Unternehmen die volle Verantwortung. Es muss die Erhebung, Verarbeitung und Nutzung vollständig kontrollieren können." (Susanne Dehmel 2013, S. 6). Dehmel stützt sich bei dieser Aussage auf den § 64 BDSG (bis 24. Mai 2018 noch den § 9 BDSG mit dessen Anlage) bzw. den Art. 32 DSGVO in welchen es heißt, dass die verantwortliche Stelle, also das datenverarbeitende Unternehmen, die technischen und organisatorischen Maßnahmen treffen muss. Dabei müssen private Daten unberührt bleiben. Weiter greift an dieser Stelle §88 TGK (bis 30.11.2021) bzw. § 3 TTDSG (ab 01.12.2021), wonach der Arbeitgeber auf private Daten ohne entsprechende Einwilligung des Mitarbeiters nicht oder nur eingeschränkt zugreifen darf. Der aktuell geltende § 64 BDSG schreibt daher unter anderem folgende Dinge vor: (vgl. im Folgenden § 64 BDSG)

- Zugangskontrolle: die Verwehrung des Zugangs zu Verarbeitungsanlagen.
- Datenträgerkontrolle: die Verhinderung des unbefugten Lesens, Kopierens, Verändern oder Löschen von Datenträgern.
- Zugriffskontrolle: die Gewährleistung, dass nur dort zugegriffen werden kann, wo es wirklich notwendig ist.
- Übertragungskontrolle: die Gewährleistung zur Überprüfung und Feststellung an welche Stellen personenbezogene Daten mit Hilfe von Einrichtungen zur Datenübertragung übermittelt oder zur Verfügung gestellt wurden oder werden können

- Eingabekontrolle: Gewährleistung, dass nachträglich überprüft und festgestellt werden kann, welche personenbezogenen Daten zu welcher Zeit und von wem eingegeben oder verändert worden sind.

- Transportkontrolle: Gewährleistung, dass bei der Übermittlung personenbezogener Daten sowie beim Transport von Datenträgern die Vertraulichkeit und Integrität der Daten geschützt werden

- Wiederherstellbarkeit: Gewährleistung, dass eingesetzte Systeme im Störungsfall wiederhergestellt werden können

- Zuverlässigkeit: Gewährleistung, dass alle Funktionen des Systems zur Verfügung stehen und auftretende Fehlfunktionen gemeldet werden

- Datenintegrität: Gewährleistung, dass gespeicherte personenbezogene Daten nicht durch Fehlfunktionen des Systems beschädigt werden können

- Auftragskontrolle: Gewährleistung, dass gespeicherte personenbezogene Daten nicht durch Fehlfunktionen des Systems beschädigt werden können

- Verfügbarkeitskontrolle: Gewährleistung, dass personenbezogene Daten gegen Zerstörung oder Verlust geschützt sind.

- Trennbarkeit: Gewährleistung, dass zu unterschiedlichen Zwecken erhobene personenbezogene Daten getrennt verarbeitet werden können

- Verschlüsselung: Einige der oben genannten Punkte können und sollen mit dem Einsetzen von Verschlüsselungsverfahren geschützt werden.

2.3.1.2 Lizenzrechtliche Anforderungen

Nebst den Datenschutzrechtlichen Aspekten müssen auch lizenzrechtliche Aspekte erfüllt und beachtet sein. So müssen auf BYOD-Geräten Software des Unternehmens für private Zwecke und Software die privat lizenziert wurde, für die arbeitszwecke eingesetzt werden.

„Bei der Verwendung von Software für andere als die vertraglich vereinbarten Zwecke (zum Beispiel ausschließlich gewerbliche bzw. ausschließlich private Nutzung) kann es zu Nutzungshandlungen kommen, die urheberrechtliche Unterlassungsansprüche, sowie unter Umständen auch Schadensersatzansprüche auslösen. Diese werden in der Praxis vom Lizenzgeber als »Nachvergütungsansprüche« geltend gemacht." (Susanne Dehmel 2013, S. 10)

Eine Hybride Nutzung von Software lässt nicht jeder Softwarehersteller zu, sodass hier vertragliche, wie auch technische Herausforderungen für das BYOD-Modell entstehen.

Die Firma Adobe bietet mit dem Produkt InDesign ein Layout- und Designtool, welches häufig für die Erstellung von Flyern, digitale Magazine, Broschüren oder sonstigen Medien verwendet wird. Adobe erlaubt es Volumenlizenzkunden die Software auf einem weiteren Gerät zu installieren und privat zu nutzen. Beschränkt wird dies nur dadurch, dass man die Software nicht gleichzeitig auf den zwei Geräten ausführen darf und die Software auf derselben Plattform betrieben wird. Mit Plattform wird das Betriebssystem gemeint, also etwa Windows, MacOS oder ähnliches. (vgl. Adobe 2020, 2021)

Abbildung 1: Beispiel Lizenzrecht Adobe InDesign (vgl. Adobe 2020, 2021)

In der Praxis finden sich dabei verschiedene Modelle wieder. So werden Lizenzen meist nach Nutzern, in welchem ein bestimmter Nutzer die Lizenz an sich gebunden hat verwendet. Hier sind Klauseln im Lizenzvertrag nicht unüblich, dass auch eine Nutzung auf mehreren Geräten erlaubt ist. Ebenso verbreitet ist die Lizenzierung nach Geräten oder einem Arbeitsplatz. In diesem Fall ist eine Nutzung auf einem anderen Gerät eher selten in einem Vertrag geregelt. In beiden Fällen ist die Installation aber nicht immer gleichbedeutend mit dem Nutzungsrahmen. Das bedeutet, dass eine Software zwar auf zwei Unternehmensgeräten installiert werden darf, nicht aber auf einem privaten Gerät, auf welchen der Nutzungszweck zu erst einmal privat ist. Gravierender sieht es aus, wenn vom Mitarbeitenden privat erworbene Software für betriebliche Zwecke genutzt werden soll. So ist eine Nutzung meist auf den privaten Rahmen beschränkt. Dabei kann sogar die Vernetzung zur Unternehmensinfrastruktur unzulässig sein. (vgl. Susanne Dehmel 2013, S. 10)

Nicht alle Hersteller sind in diesem Maße kulant und gestatten die Nutzung von der Software auch im privaten Bereich.

Für einen sicheren und rechtskonformen Betrieb von BYOD bedarf es großem juristischen Wissen in verschiedensten Bereichen. Ebenso wie die Rechtsabteilung, sollte der Betriebsrat bei einem solchen Projekt involviert sein. (vgl. Kohne 2015, S. 14–15)

2.3.2 IT-Sicherheit

Mitarbeitende bringen ihr eigenes Gerät – hören IT-Systemadministratoren diesen Satz, klingeln alle Alarmglocken. IT Abteilungen versuchen eine möglichst homogene Infrastruktur zu pflegen. Das beginnt auf der Kommunikationsebene (bspw. Netzwerkswitches) und hört bei Endgeräten wie Smartphones, Laptops und PCs auf. Die Minimierung auf möglichst wenige Modelle vereinfacht die Administration der Geräte enorm. Durch das Konzept BYOD verschwindet dieses homogene Gebilde gar gänzlich. Die schiere Masse an verschiedenen Betriebssystemen, Smartphones und Laptops, welche Mitarbeitende für die Arbeit nutzen möchten, treibt die Komplexität der eingehenden Support-Fälle in die Höhe.

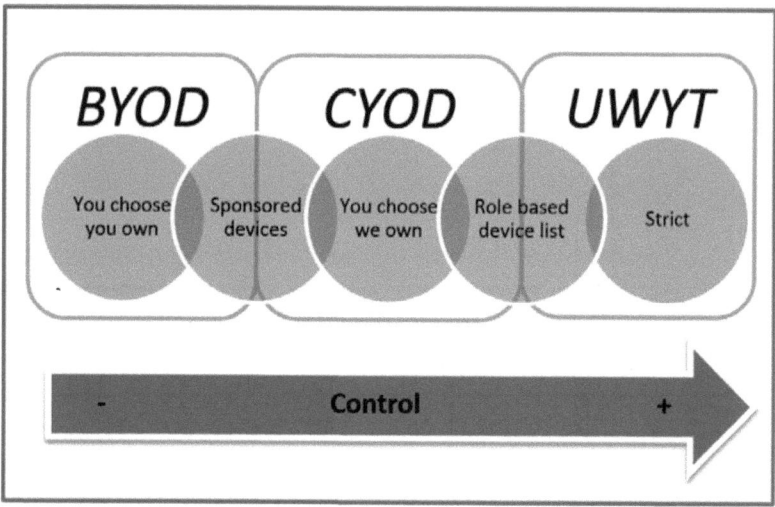

Abbildung 2: Strategien für mobile Geräte und das Ausmaß der Kontrolle durch die Organisation (Nunes et al. 2016, S. 56)

Viele IT-Abteilungen versuchen daher das Konzept „Bring your own Device" etwas aufzuweichen und geben durch „Choose your own Device" eine kleine Auswahl an Endgeräten vor, aus welcher Mitarbeitende wählen können. So wird die Homogenität der der zu betreuenden Endgeräte nicht all zu groß anwachsen und die Kontrolle über die Geräte wächst. Dies zeigt Abbildung 1 sehr anschaulich. Je strikter die Vorgaben zur Wahl des Gerätes sind, desto mehr Kontrolle hat die IT-Abteilung über das Gerät.

Geräte, die dem BYOD-Konzept angehören müssen also möglichst leicht administrierbar sein, hohe Sicherheitsansprüchen genügen und für den Endanwender leicht zu bedienen sein. Das sind Ansprüche, die nicht einfach unter einen Hut zu bekommen sind.

Die IT-Sicherheit spielt im Konzept des BYOD eine wichtige Rolle und baut im Grunde genommen auf den Gesetzesgrundlagen, wie dem Bundesdatenschutzgesetz (BDSG) und der DSGVO auf. Dabei heißt es beispielsweise im §64 BDSG, dass die Verarbeitung von personenbezogenen Daten auf dem Endgerät bestimmten Voraussetzungen genügen müssen. Dazu zählen: Zugangskontrolle, Datenträgerkontrolle, Speicherkontrolle, Benutzerkontrolle, Zugriffskontrolle, Übertragungskontrolle, usw. usf.

Doch all diese Aspekte zu erfüllen ist gar nicht so leicht. Greifen wir uns die Übertragungskontrolle heraus und betrachten diese näher. Mehr und mehr Geräte verzichten auf kabelgebundene Datenübertragung. So werden die meisten Geräte bereits ab Werk mit drahtlos-Konnektivität wie WLAN und Bluetooth ausgestattet. Die Datenübertragung findet also meist per Funksignal statt. Die Daten, die versendet werden, sind zwar in der Regel mittels standardisierten Verschlüsselungsalgorithmen wie WPA2 oder WPA3 verschlüsselt, jedoch gibt es in IT-Systemen immer wieder Sicherheitslücken. So auch die dieses Jahr bekannt gewordene FragAttacks-Lücke. (BSI 2021a) Hierbei handelt es sich um eine Schwachstelle im WiFi-Standard, über welche es einem Angreifer möglich ist, eigene Pakete ins eigentlich verschlüsselte Netzwerk zu übertragen und darin befindliche Geräte anzugreifen. (vgl. Schmidt 2021) Die Mitarbeitenden befinden sich mit Ihren BYOD-Geräten nicht unbedingt im gut geschützten Netzwerk des Unternehmens, sondern können sich mobil überall bewegen. Sei es ein öffentliches WLAN, oder das private Netzwerk zu Hause. Diese sind oftmals nicht ausreichend gegen Angriffe geschützt und evtl. auch nicht auf aktuellem Updatestand. Über regelmäßige Updates an allen Geräten verhindert man das Ausnutzen von bekannten Sicherheitslücken.

Sicherheitslücken können aber auch im Unternehmen selbst schon großen Schaden anrichten. Die ebenfalls dieses Jahr (März 2021) bekannt gewordenen Sicherheitslücken in Microsofts Exchange-Server ist eine davon. Der Microsoft Exchange Server zählt zur so genannten Groupware (=Software zur Unterstützung der Zusammenarbeit) und stellt einen zentralen Dienst dar, welcher Mails, Termine, Kontakte und Aufgaben für viele Benutzer bereitstellt und verwaltet. Häufig ist dieser Dienst nicht nur aus dem Unternehmensinternen Netzwerk erreichbar, sondern auch aus dem Internet, sodass mobil arbeitende Mitarbeiter auf das System zugreifen können und ihre Mails verarbeiten können, Termine einsehen und verwalten, oder ihre Aufgaben einsehen. Die Lücken erlauben es einem entfernten Angreifer, sich auf einem Exchange-Server zu authentisieren und Schadcode auf System-Ebene auszuführen. Noch am selben Tag wies die CISA die US-Bundesbehörden an, alle anfälligen Server zu identifizieren und forensische Analysen durchzuführen. Nur wenige Tage später wurde durch das BSI bekannt gegeben, dass genau diese Lücken in einer Virusangriffswelle verwendet werden. Dabei vermutete man eine Gruppe Krimineller aus China. Wiederum nur wenige Tage später bietet das BSI Webinare an, um den Unternehmen zu helfen, die Lücken durch die mittlerweile online gestellten Updates wieder zu schließen. (vgl. BSI 2021b, S. 1–3)

Beide erläuterten Schwachstellen ermöglichen das Einbringen von Schadcode in das Unternehmen. Das kann existentielle Schäden für das Unternehmen verursachen.

Daher ist es umso wichtiger, dass das Unternehmen möglichst wenig Spielraum für ein Angriffsszenario bietet und die Verbindung zwischen mobilem Endgerät und Unternehmen stehts verschlüsselt. Beispielsweise durch VPN-Tunnel.

VPN-Tunnel stellen eine stark verschlüsselte Verbindung zwischen Endgerät und Unternehmensnetzwerk her. VPN steht hierbei für virtuelles privates Netzwerk. So ist ein Abfangen von Daten auf dem Weg zwischen Endgerät und Unternehmen verschlüsselt und kann nicht mitgehört werden. (vgl. Poguntke 2017, S. 217) Durch die Verwendung von VPN können unter anderem die in BDSG geforderte Transportkontrolle und Übertragungskontrolle erfüllt werden.

Um noch weitere Kontrollen aus dem (§ 64 BDSG) zu erfüllen können durch die IT noch weitere Maßnahmen ergriffen werden. Auch das erhöht die Komplexität der Infrastruktur. Um Datenträgerkontrolle, Wiederherstellbarkeit, Datenintegrität, Auftragskontrolle, und Verfügbarkeitskontrolle zu erlangen erfordert es ein ausgeklügeltes System. Stellt man sich vor, eine im Unternehmen genutzte Software wurde auf dem mobilen Endgerät installiert und vom Mitarbeitenden genutzt. Kommt es nun zu einem Fehler im System, oder das Gerät wird verloren wird es komplex, denn auf dem Endgerät sind womöglich personenbezogene Daten gespeichert, die nun mehr oder weniger nicht mehr greifbar sind. Dabei muss die IT-Abteilung bereits sichergestellt haben, dass eine Zugangs- und Zugriffskontrolle erfolgt. Das Gerät darf also nicht frei zugänglich sein. Ein Passwort ist jedem bekannt. Doch das Merken von vielen Komplexen Passwörtern ist nur schwer möglich. Daher greift man auf biometrische Kennzeichen, wie dem Fingerabdruck zurück. Fingerabdruckscanner lesen einen Finger und speichern so genannte Referenzpunkte ab, die dann als eine Art Passwort dienen. Laut Reyers, einem Mitarbeiter der Fa. Fujitsu, hat ein Finger hat zwischen 100 und 120 Referenzpunkte. Bei 7 Milliarden Menschen auf der Erde entspricht dies einem etwas ungenauen Passwort, da 2000-24000 gleiche Fingerabrücke existieren. Das Unternehmen Fujitsu ist bei der biometrischen Erkennung auf großem Fuße unterwegs und hat eine 3d-Handvenen-Scan patentiert. Dieser Scanner scannt die Handvenen und -arterien nach Durchmesser, Länge und Verästlung und kann dabei bis zu 5 Millionen Referenzpunkte erkennen. Damit gibt es nur 16- 18 gleiche Handvenen-Bilder auf der Welt. Das macht den 3D-Handvenen-Scan zur zweit sichersten biometrischen Erkennung, die es gibt – nach der DNA des Menschen. (vgl. Fujitsu 2021) Fujitsu hat den Venenscanner, der als Markenname den Namen PalmSecure trägt, bereits auf dem Markt und wird diesen immer weiter verbreiten. Neben Zugangskontrollen an Türen, oder in Fußballstadien, findet man die Scanner von Fujitsu bereits in deren Notebooks wieder. Damit ist ein Teil der Zugangskontrolle, Zugriffskontrolle erfüllt.

Beim Verlust des Gerätes verbleiben aber weiter Daten auf dem Gerät, welche möglichst verschlüsselt dort gespeichert sein sollte. Hier gibt es diverse Software, die ein Verschlüsseltes Ablegen der Daten in Kombination mit der Hardware erfordern. Ein Beispiel davon ist der Bitlocker von Microsoft. Wird die Festplatte durch einen Dieb ausgebaut und versucht in einem anderen Gerät in Betrieb zu nehmen, so wird die verhindert, da nicht die erforderliche Hardware verbaut ist. Ein Löschen dieser Daten ist aber noch besser. Hierbei kann ein Mobile Device Management helfen. Neben dem entfernten Löschen der Daten beim Verlust des Gerätes kann über ein Mobile-Device Management weitere nützliche Funktionen abgebildet werden:

Abbildung 3: Funktionen von Mobile Device Management (ManageEngine 2021)

Mobile Device Management (MDM) ist eine Verwaltungssoftware für Endgeräte mit mächtigem Funktionsumfang. So bietet ein MDM ein Onboarding für BYOD-Geräte, sodass die Geräte im System erkannt werden, die entsprechenden Profile und Richtlinien aufgespielt werden können und weitere Funktionen zur Verwaltung freigeschaltet werden können. Die IT-Abteilung kann dann per Tastendruck Einstellungen, Applikationen, Updates, uvm. auf das Gerät aufspielen. Ein Abruf von Audit-Reports oder Standortdaten ist darüber ebenfalls möglich. Solche Daten sind beim Verlust des Gerätes essentiell, um das Gerät entweder wieder zu finden, oder um zu definieren, welche personenbezogenen Daten auf dem Gerät gespeichert waren, um DSGVO-Konform eine Meldung an die zuständigen Behörden geben zu können.

Die technische Absicherung der Systemlandschaft wird durch den Einsatz von mobilen Geräten sehr komplex und schwer zu administrieren. Die Weitläufigkeit der Verantwortung, welche auf den rechtlichen Aspekten basiert kann daher nicht vollumfänglich in diesem Kapitel erläutert werden, sodass nur ein kleiner Teil davon erfasst wurde.

Wie allerdings klar zu erkennen ist, ist eine Projektumsetzung stark von der IT-Abteilung abhängig. Daher stellt die IT-Abteilung einen der primären Stakeholder dar. Da die Arbeit der IT-Abteilung stark von der Gesetzeslage abhängig ist, sollte eine starke Zusammenarbeit mit den Stakeholdern aus dem vorhergegangenen Kapitel (Rechtsabteilung und Betriebsrat) einhergehen. (vgl. Kohne 2015, S. 14–15)

2.3.3 Soziale Aspekte

Das BYOD-Konzept umfasst nicht nur technische und rechtliche Aspekte, sondern auch viele soziale Aspekte.

Pousttchi et. al. nennen als Vorteil eine höhere Kunden- oder Mitarbeiterzufriedenheit, bessere Datenqualität oder neue Marktopportunitäten. Durch die Einbindung von mobilen Geräten, welche in die bestehenden Prozesse eingebunden werden, kann eine Produktivitätssteigerung erfolgen. Diese ist allerdings abhängig von den bestehenden Prozessen. Müssen diese erst angepasst, oder vollständig überarbeitet werden, so können schnell erhebliche Kosten entstehen. Ist eine Einbindung möglich, so ist von einer Produktivitätssteigerung auszugehen. Es ist also abhängig von den Geschäftsprozessen. (vgl. Kohne 2015, S. 170–171)

Weiter kann die Erreichbarkeit der Mitarbeiter durch den Einsatz von mobilen Endgeräten gesteigert werden. Gerade für Außendienstmitarbeiter bietet dies viele Vorteile. Neben der telefonischen Erreichbarkeit können diese Mitarbeitenden nun auf andere Unternehmensmedien, wie E-Mails, ERP-System (Abruf Kundendaten, Aufnahme von Aufträgen und Ähnlichem), Dateisystem, usw., zurückgreifen. Die Steigerung der Erreichbarkeit kann allerdings schnell kritisch werden. (vgl. Kohne 2015, S. 171–172) Schnell wird die Erreichbarkeit nicht nur während der Regelarbeitszeit genutzt, sondern auch während des Feierabends, bei Nacht, am Wochenende, oder gar im Urlaub. So kann eine dauerhafte Erreichbarkeit in vielen Fällen auch zu Einschränkungen des Wohlbefindens und der Fähigkeit, sich zu erholen und abzuschalten, führen. Im schlimmsten Fall drohen durch den dauerhaften stress gesundheitliche Probleme wie Schlafstörungen, Bluthochdruck, Unruhezustände bin hin zu Burnout und Depression. (vgl. Strobel 2013, S. 10) Mit diesem Thema schwingt ein rechtlicher Aspekt mit, denn die Arbeitszeit ist gesetzlich geregelt. Hierbei muss unter Anderem der Betriebsrat einbezogen werden. (vgl. Walter und Dorschel 2012)

Durch die ständige Erreichbarkeit entsteht auch die Gefahr, Arbeit und Privatleben zu vermischen. In Folge dessen besteht die Gefahr, dass die Datenhaltung von privaten und geschäftlichen Inhalten vermischt werden. Da auch hier wieder der Datenschutz eine Rolle spielt, ist eine saubere Trennung auf technischer Ebene von großem Vorteil. (vgl. Kohne 2015, S. 176)

In IT-nahen Unternehmen, vor allem im öffentlichen Sektor, gibt es eine hohe Fluktuation der Mitarbeitenden, die häufig bereits nach 3-4 Jahren, im öffentlichen Sektor sogar noch schneller, das Unternehmen wechseln. BYOD kann in dieser Hinsicht auch als Belohnung oder Auszeichnung eingesetzt werden, um Mitarbeitende an das Unternehmen zu binden oder neue zu finden.

Auch die sozialen Aspekte des BYOD-Konzeptes sind nicht unerheblich. Für der Erfolg sollten hierbei die Personalabteilung, insbesondere die Personalentwicklung, die Marketingabteilung und das Management, also die Geschäftsleitung, von Beginn an involviert sein. Für den Erfolg eines BYOD-Konzeptes maßgeblich ist aber der Anwender selbst. Mit ihm steht und fällt das Projekt. (vgl. Kohne 2015, S. 14–15)

3. Lösungsansätze

Für eine erfolgreiche, sichere und rechtskonforme Umsetzung eines BYOD-Konzeptes erfordert es ein Zusammenspiel vieler Stakeholder, welche teilweise in den Kapiteln zuvor bereits genannt wurden. Zunächst muss die Geschäftsführung und das Management die strategische IT-Auslegung für eine Umsetzung von BYOD unterstützen. Dies darf aber nicht als einmaliges Projekt gesehen werden, sondern muss dauerhaft betrachtet werden. Hierbei kann beispielsweise der PDCA-Zyklus helfen. (vgl. Kohne 2015, S. 13) Ist dies nicht der Fall, kann eine Umsetzung bereits in der Planung der Umsetzung scheitern.

3.1 BYOD Richtlinie

Herzstück einer BYOD-Strategie ist eine BYOD-Richtlinie (engl. BYOD-Policy). Darin werden Regeln definiert, was beim Umgang mit den privaten Endgeräten und Programmen bei der Benutzung im geschäftlichen Rahmen zu beachten ist. Dabei stellt eine solche Richtlinie eine Art gegenseitiges entgegenkommen dar, in welchem Arbeitgeber und Arbeitnehmer Verständnis füreinander aufbringen müssen. Mitarbeitende im BYOD-Konzept müssen demnach sehen, dass die Unternehmensdaten durch gewisse Vorkehrungen geschützt und überwacht werden müssen. Der Arbeitgebende sieht hingegen, dass es sich dabei um private Endgeräte handelt, auf welchen er nicht bestimmen und kontrollieren kann. Daraus lassen sich 2 Grundregeln ableiten: (vgl. im Folgenden Kohne 2015, S. 16)

- BYOD-Anwender müssen der Firma oder Behörde eine eindeutige Erlaubnis geben, auf ihre persönlichen Daten zuzugreifen und diese verarbeiten zu können.

- Das Unternehmen muss sensitive, persönliche Daten verarbeiten und diese angemessen und nach neustem Stand der Technik schützen.

Ergänzt werden diese Grundregeln durch länger spezifische Regeln und weiterer interner Regeln. Je nach Branche und Größe des Unternehmens kann es nötig werden, nicht nur das deutsche Recht zu beachten, sondern unter Umständen das Internationale Recht. Kohne empfiehlt folgende Dokumentenstruktur: (vgl. im Folgenden Kohne 2015, S. 16–22)

- **BYOD-Policy:**

  Diese Richtlinie regelt 4 Grundsätze:

  - **Berechtigungsregeln**: Dabei wird geregelt, wer private Geräte geschäftlich einsetzen darf und welche Geräte verwendet werden dürfen.

  - Die **Regelungen der Privatsphäre** geben an, mit welchen Mitteln die Geräte von der IT bespielt und betrieben werden und wie mit den darauf befindlichen Daten umgegangen wird, wenn das Gerät bspw. verloren geht (Löschung aller Daten, oder nur Löschung der Daten mit geschäftlichem Bezug) Weiter wird in diesem Abschnitt die Datenverschlüsselung beschrieben und geklärt.

  - In den **Finanzierungsregeln** wird der finanzielle Teil des BYOD-Konzeptes erläutert und klar gestellt. Dabei werden geklärt, wer das Gerät bezahlt, ob es einen Zuschuss vom Arbeitgeber gibt, wie oft der Arbeitnehmende ein neues Gerät kaufen darf, wie viele Geräte er verwenden darf, usw.. Ebenso wird in diesem Abschnitt bestimmt, wie der Mobilfunkvertrag genutzt werden kann.

  - Unter **Betriebsregeln** werden unter Andrem niedergeschrieben, wie das Gerät grundsätzlich genutzt wird und dass die Software der IT installiert und permanent betrieben werden muss. Weiter wird hier geklärt, wer für das Thema Backup zuständig ist und wer für ein Ersatzgerät bei Verlust (durch Diebstahl oder Defekt) aufkommt und wer die Kosten dafür übernimmt. Zu guter Letzt wird geregelt, wie die Support-Dienstleistung der IT ausgestaltet wird.

- **BYOD-Vertrag**

  Der BYOD-Vertrag ist das zentrale Dokument, welches alle Dokumente der BYOD-Policy zusammenführt. Jeder Mitarbeitende, der am BYOD-Programm teilnehmen möchte, muss diesen gelesen, verstanden und unterschrieben haben.

- **Acceptable Use Policy**

  Diese Richtlinie dient zur detaillierten Beschreibung des Nutzungsumfangs eines Endgerätes. Dabei sollte lt. (Kohne) zwischen Nutzungsszenarien unterschieden werden. Als Beispiel nennt er die Unterscheidung zwischen Nutzung der Geräte im internen Firmennetzwerk, oder der Einwahl in das Firmennetzwerk von außerhalb durch eine Internetverbindung. Ebenso wird hier geregelt, dass nur Geräte mit einem unveränderten Betriebssystem zugelassen sind. Hier sind Restriktionen zu nennen, wenn Geräte durch „rooten" auf eine andere, womöglich unlizenzierte oder unsichere Version des Betriebssystems wechseln. Darüber hinaus werden geregelt, welche Apps installiert und verwendet werden dürfen und wo Daten abgelegt werden können und sollen (bspw. nicht auf Cloud-Speichern). Die Nichtbeachtung der niedergelegten Maßnahmen sind durch Konsequenzen zu definieren. Der Anwender muss auch diesen Teil verstanden und unterschrieben haben. Dabei sollte verständlich gemacht werden, dass es bei der Absicherung der Geräte nicht um Schikane handelt, sondern zum Schutz des Anwenders und des Unternehmens, da das Unternehmen haftet.

- **Security Policy**

  Da das Unternehmen für die geschäftlichen Daten auf dem privaten Endgerät verantwortlich ist, muss der Geschäftsbereich von privaten Geräten besonders abgesichert sein. Dabei muss entsprechend darauf eingegangen werden, wie die Geräte abgesichert werden. Dazu werden meist technische, aber auch rechtliche Fragen beantwortet. Hier ein Auszug:

  - Wer und wann und wie wird auf geschäftliche Daten zugegriffen?
  - Werden Standortdaten erfasst und verarbeitet? Wenn ja: Welche genau und was passiert damit?
  - Kann das Gerät aus der Ferne gesperrt werden? Wer darf das? Wann und in welchem Fall?
  - Muss ein lokaler Virenschutz eingesetzt werden? Wird ein spezielles Programm vorgeschrieben oder sogar durch die interne IT installiert?
  - Auf welche Dokumente darf von wo aus zugegriffen werden? Wie werden die Berechtigungen vergeben und überwacht?
  - Was passiert, wenn die PIN zu oft falsch eingegeben wurde? Wie oft ist „zu oft"?
  - Usw. usf.

Die Erstellung dieses Dokumentes erfolgt deshalb in der Regel in Zusammenarbeit von der IT, der Rechtsabteilung und dem Datenschutzbeauftragten und sollte permanent aktualisiert werden.

Die 4 Dokumente können nach Kohne durch eine Enterprise Mobility Management (EMM) Strategie, sowie einer Social Media Policy ergänzt werden. Die EMM dient als interne Grundlage für die IT und regelt unter Anderem, welche Endgeräte mit welchem Betriebssystem unterstützt werden und wie die Geräte abgesichert sind, wie die Netzwerke konfiguriert sein müssen und wie die Systemadministration geregelt wird. Die Social Media Richtlinie regelt die Nutzung von sozialen Medien und in welchem Umfang diese für einen dienstlichen Austausch verwendet werden dürfen.

Es resultiert also ein breites Verantwortlichkeitsfeld auch neben der reinen IT, in welchem viele Stakeholder einbezogen werden müssen.

3.2 Mobile Device Management

Im Verlauf dieser Arbeit wurde schon das ein oder andere Mal das Mobile Device Management, kurz MDM, erwähnt und im Rahmen der Abbildung 3 kurz erläutert. Es ist also anzunehmen, dass das MDM eine zentrale Rolle in der BYOD-Strategie inne hält.

Durch dieses System lässt sich ein Großteil der rechtlichen Anforderungen mit nur einem System erschlagen und macht die Administration der IT deutlich einfacher. Beim Einsatz der MDM-Lösung spielt das für diesen Zweck erstellte Enterprise Mobility Management Dokument (EEM) eine wichtige Rolle. Die Erfahrung des Autors zeigt, dass nicht jedes mobile Endgerät, vor Allem Smartphones, über ein MDM gleich gut verwaltbar sind.

Die Grundsätzlichen Funktionen zum Assetmanagement (Verwaltung der Endgeräte und Einrichtung „over the air" – also aus der Ferne), Installations-Management (Installation von Apps und Software in einem gekapselten Bereich auf dem Endgerät ebenfalls „over the air"), Informationsmanagement (Sammeln von Informationen wie Speicherstatus, Akkuleistung, Netzwerkinformation oder anderer diagnostischer Daten) und dem Sicherheitsmanagement (Sperrung und/oder Löschung des Gerätes aus der Ferne, Deaktivieren von Funktionen auf dem Gerät) machen eine BYOD-Strategie aber erst möglich.

4. Vor und Nachteile

Im Folgenden werden die Pros und Contras erläutert, die für Arbeitgebenden und Arbeitnehmenden im Rahmen der BYOD-Strategie entstehen können.

4.1 Vorteile

Der Einsatz von BYOD bringt dem Unternehmer je nach Umsetzung der Strategie einen Kostenvorteil, indem er keine mobilen Endgeräte mehr kaufen muss. Diese werden fortan von den Mitarbeitenden beschafft. Ist die Strategie so ausgelegt, dass die Geräte trotzdem vom Arbeitgebenden beschafft werden, so können unter Umständen Massenrabatte, oder eine sehr gute Vergünstigung bei Gruppen Tarifen der Mobilfunktarife entstehen. (vgl. Kohne 2015, S. 158)

Die Nutzer selbst können mehr oder weniger selbst entscheiden, welches Gerät sie verwenden möchten und können mit bekannten Systemen arbeiten. Weiter muss der Mitarbeitende nicht zwei Geräte mit sich tragen, sondern kann ein Gerät nutzen.

Der Arbeitgebende kann das BYOD-Konzept als Belohnungssystem nutzen und gute Mitarbeitende mit BYOD belohnen. Das kann die Produktivität und Motivation von Mitarbeitern erhöhen und die allgemeine Mitarbeiterzufrieden steigern.

Der Mitarbeitende erhält auf seinen privaten Geräten je nach Umsetzung der IT ein gut gesichertes Endgerät. Neben Virenschutz, kann er ein Backup und Restore des Gerätes erhalten, aber evtl. auch die geschäftliche Software im privaten Bereich nutzen.

Für das Unternehmen steigert sich die Erreichbarkeit derer Mitarbeiter. Damit lassen sich Prozessstrukturen anpassen und optimieren.

Unternehmen haben auch aufgrund der Rechtslage kaum Zugriff auf die Geräte. Für das unternehmen bedeutet das kaum Support, zumindest den First-Level-Support (Einfache Fragen beim Support), auf diesen Geräten zu leisten. Die Mitarbeitenden sind eher dazu geneigt, selbst Support im Internet zu ersuchen.

4.2 Nachteile

Unter den Vorteilen wurde der Kostenaspekt zwar bereits erwähnt, muss aber unter den Contras ebenfalls aufgeführt werden. Für die BYOD-Strategie birgt einige Kostenpunkte, die auf den ersten Blick nicht erkennbar sind. Darunter zählen die erhöhten Maßnahmen für die Erweiterung und Aufrechterhaltung der IT-Security-Maßnahmen, Kosten für Lizenzen und Apps, Kosten für Helpdesk und Support (Administration der MDM-Lösung und der Sicherheitsrelevanten Produkte, die für ein BYOD nötig werden (z.B. Network-Access Control (NAC), Security Information and Event Management (SIEM), Security Operations Center (SOC), usw.).

Für den Arbeitgebenden besteht durch das hinaustragen von Unternehmensdaten ein Risiko zu Kompromittierung der gesamten Infrastruktur. Durch BYOD muss er zwangsläufig diverse Systeme aus dem Internet erreichbar machen. Je mehr Systeme aus dem Internet erreichbar sind, desto risikoreicher für den Unternehmer. Weiter sind die nicht im Eigentum befindlichen Endgeräte der Mitarbeitenden ein großes Einfallstor für Malware.

Um diesem Risiko etwas entgegenzuwirken bedarf es großem Schulungsbedarf der Mitarbeiter. Sie müssen bspw. durch Awareness-Schulungen für den Umgang mit solchen Systemen sensibilisiert werden. Dies ist wiederum ein Kostenfaktor.

Ein weiterer Risikofaktor für den Arbeitgebenden ist es, trotz Richtlinien, dass die Nutzer nicht Lizenzgerecht die zur Verfügung gestellte Software nutzen.

Die beschränkte Administrierbarkeit der Geräte wird zwar auch schon als Vorteil gezählt, hat aber auch eine Kehrseite - eben, weil die IT-Abteilung weniger Kontrolle über das Gerät hat.

Der Verlust von Geräten ist ebenfalls ein Nachteil, wobei dieses Argument nicht nur für BYOD gilt, sondern für alle mobilen Endgeräte. Zur Löschung solcher verloren gegangenen Geräte stellt sich insofern schwierig dar, da zur Löschung der Geräte aus der Ferne eine aktive Internetverbindung bestehen muss. Ist das Gerät ausgeschaltet, oder befindet sich in einem Keller oder einem Funkloch, so kann keine Löschung durchgeführt werden.

Durch die nahezu dauerhafte Erreichbarkeit der Mitarbeitenden könnte ein nicht ausgesprochener Erreichbarkeitszwang auftreten. Für Mitarbeitende ist dies langfristig schädlich, da das Stresslevel immer hochgehalten wird. Die Gefahr von Burnout ist groß.

Infolgedessen kommt es beim den Arbeitgebenden zu Krankheitsausfällen und damit unter Umständen zu Personalengpässen.

5. Fazit und Ausblick

Die Geschwindigkeit, mit welcher sich die Technik entwickelt, bleibt rasant. Was vor ein paar Jahren noch Teil eines Science Fiction-Films gewesen sein könnte, ist heute bereits Realität. Murauer schätzt 2016 in seiner Dissertation, dass sich BYOD bisher nicht flächendeckend durchgesetzt hat. (vgl. Murauer, S. 53). In einem Interview mit IT-zoom ist sich Markus Seifart, der Fa. Fujitsu sicher, dass sich 2017 BYOD nicht flächendeckend durchgesetzt hat. (vgl. Sommerhäuser 2017) Zumindest im amerikanischen Raum hat sich 2018 BYOD bereits durchgesetzt. Einer Studie von Bitglass zufolge erlauben 2018 85% der befragten Unternehmen BYOD. (vgl. Bitglass 2018; Nagel 2018) Die geringe Umsetzung in Deutschland hat vermutlich mit den Hohen Sicherheitsansprüchen zu tun, die deutsche Unternehmen an sich stellen oder durch rechtliche Vorgaben erhalten. Gedrängt durch eine Pandemie starteten viele

Unternehmen, mehr oder weniger gezwungen durch Gerätenot BYOD in ihrem Unternehmen. Aktuell gibt es nur wenige Zahlen, wie viele Unternehmen durch die Corona-Pandemie eine BYOD-Strategie eingeführt haben. Man kann sich aber sicher sein, dass ein Großteil der Unternehmen nur geringfügig wieder zurückfahren wird.

Die rechtlichen Aspekte zur Umsetzung von BYOD sind sehr komplex und unüberschaubar. Speziell der Bereich IT-Sicherheit ist äußerst kompliziert und Umfangreich. Es gibt keine konkreten Maßnahmen zur Gewährleistung eines einheitlichen Mindestsicherheitsniveaus. Neben den gesetzlichen Vorgaben stehen Verträge zwischen Nutzern und Arbeitgebenden im Mittelpunkt einer BYOD-Strategie. Auch wenn sich ein Unternehmen gegen die Nutzung von privaten Geräten entscheidet, müssen solche Verträge existieren, aber auch die technische Voraussetzung so geschaffen sein, dass eine private Nutzung nicht ermöglicht wird. Eventuell ist aber auch eine Alternative, abgeschwächte Variante von BYOD ein gangbarer Weg für ein Unternehmen. Wer etwas mehr Kontrolle über die Geräte behalten will, und nicht direkt private Endgeräte verwenden möchte, kann bspw. auf COYD setzen.

Diese Arbeit zeigt deutlich, dass eine Projektumsetzung einer BYOD-Strategie nicht unüberlegt geschehen sollte. Wichtige Stakeholder sind schon frühzeitig mit in das Projekt zu involvieren. Das Thema BYOD ist sehr komplex und für jede Branche individuell, sodass jedes Unternehmen seinen eigenen Weg finden muss. Dazu stehen professionelle Berater zur Verfügung, die ein Unternehmen bei einem solchen Projekt unterstützen können.

Die Umsetzung eines BYOD-Konzeptes sollte nie die Zielgruppe aus den Augen verlieren. Die Angestellten müssen mit dieser Lösung ebenfalls frühzeitig involviert werden und auf deren Wünsche eingegangen werden.

Trotz der hohen Risiken für das Unternehmen und die damit evtl. verbundenen Schäden, die durch Hackerangriffe entstehen können, gehen Unternehmen eine BYOD-Strategie ein. Brandaktuell geht die aufgekommene Sicherheitslücke, welche unter dem Namen log4Shell am 10.12.2021 bekannt geworden ist, etwa eine Woche später (18.12.2021) in die 3. Runde und hält die IT-Abteilungen in Schach. (vgl. BSI 2021c; The Apache Software Foundation 2021) Die Presse berichtet in immer kürzeren Abständen von neuen erfolgreichen Angriffen. (vgl. Beuth 2021; FaZ 2021) Die Zahl von Hackerangriffen nimmt weiter zu. Ob sich Unternehmen langfristig mit diesen Risiken arrangieren können bleibt offen.

BYOD könnte im Schulbereich sinnvoll eingesetzt werden. Die jungen Lernenden, die teilweise bereits mit 10 Jahren oder früher mit einem Smartphone ausgestattet sind, könnten in der Schule von einer BYOD-Strategie profitieren. Durch pädagogische Schullösungen sind die Geräte, ähnlich wie bei einer MDM-Lösung over the air verwaltbar. So könnte der Lehrer Lerninhalte auf den Geräten zur Verfügung stellen und andere, nicht zur pädagogischen Ausbildung gehörende Inhalte, wie Social Media, deaktivieren. Erste Schulen in Baden-Württemberg sind bereits als Pilotprojekte mit Tablets ausgestattet und erhalten auf diesen Geräten den gesamten Lernstoff samt digitaler Fassung aller Bücher auf das Gerät. (vgl. Baden-Württemberg.de 2016; LMZ BW 2021) Aktuell wird der BYOD-Gedanke in der Schulnetzlösung noch nicht in diesem Maße unterstützt. Dies hätte aber den Vorteil, dass die Schüler auf ihren eigenen, bekannten Geräten lernen und arbeiten könnten, gleichzeitig aber die Konzentration aufrechterhalten wird, wenn die Schüler durch Abschalten der Apps nicht abgelenkt werden können.

Neue Techniken erobern im Sturm die Weltmärkte. War vor wenigen Jahren eine smarte Uhr, welche nicht nur als Gesundheitstracker mit Puls-Oxy-messer (Puls und Sauerstoffmessung) und sogar Blutdruckmessung, sondern auch als zweites Telefonie Gerät genutzt werden kann, kaum vorstellbar, sehen wir der Technik einer virtuellen Brille entgegen, welche die Realität durch einblenden von Informationen erweitert, oder gar eine neue virtuelle Welt aufbaut. Wie wird also der Arbeitsplatz der Zukunft aussehen? Werden wir schon bald unsere Programme mit Handgestiken steuern und die Unternehmenssoftware projiziert an einer beliebigen Wand sehen können? Man weiß es nicht. Wie auch immer der Arbeitsplatz der Zukunft aussehen mag, gibt es bei jeder Entwicklung Chancen und Risiken. Eine permanente Beobachtung der Entwicklungen zu beurteilen, im positiven, wie auch im negativen Sinne, ist von großer Wichtigkeit. Die IT muss bereits heute an morgen denken, eine zukunftsweisende Strategie parat haben und heute Schritte einleiten, um in Zukunft bereits bestmöglich auf alles Kommende gerüstet zu sein. Die Ausrichtung der IT sollte möglichst so ausgerichtet sein und bleiben, dass Angestellte und Kunden im Mittelpunkt stehen. Das fördert eine gute Arbeitsumgebung und stärkt die Mitarbeiterzufriedenheit. Obgleich die IT einen großen Teil zum Erfolg des Unternehmens beitragen kann wird der Mitarbeiter das wichtigste Gut eines Unternehmens bleiben.

Das BYOD-Konzept hielt und hält die Unternehmen während der Corona-Krise arbeitsfähig. Durch einen Zusammenbruch der globalisierten Lieferketten, waren einige Produkte, darunter auch Laptops, nicht mehr lieferbar. Das führte dazu, dass das unternehmen entweder erlaubte, den gesamten PC-Arbeitsplatz im Unternehmen abzubauen und im heimischen Büro aufzubauen, oder private Geräte als BYOD für dienstliche Zwecke zuzulassen. Dabei gilt zu hoffen, dass die Unternehmen, die sich für eine BYOD-Strategie während der Corona-Pandemie entschieden haben, den

Herausforderungen und Risiken bewusst war und eine technisch einwandfreie und rechtssichere Infrastruktur aufgebaut haben.

Um die BYOD-Strategie in Deutschland weiter voranzutreiben, sollte das komplexe Konstrukt anhand eines von einer zentralen Stelle gepflegten Leitfadens aufgezeigt und vereinfacht werden. Speziell aus Sicher der IT-Sicherheit fehlen konkrete Maßnahmen, die zum Schutz der Infrastruktur, der Geräte und der Daten durchgeführt werden müssen, um einen möglichst sicheren Betrieb zu garantieren.

Literaturverzeichnis

§ 3 TTDSG (04.12.2021): § 3 TTDSG Vertraulichkeit der Kommunikation Fernmeldegeheimnis Telekommunikation-Telemedien-Datenschutz-Gesetz. Online verfügbar unter https://www.buzer.de/s1.htm?a=3&g=TTDSG, zuletzt geprüft am 04.12.2021.

§ 64 BDSG (20.06.2018): § 64 BDSG – Anforderungen an die Sicherheit der Datenverarbeitung | BDSG (neu) 2018. Online verfügbar unter https://dsgvo-gesetz.de/bdsg/64-bdsg/, zuletzt geprüft am 05.12.2021.

Adobe (2020): Rechtliche Informationen - InDesign. Hg. v. Adobe.com. Online verfügbar unter https://www.adobe.com/de/legal/terms.html, zuletzt aktualisiert am 10.12.2021, zuletzt geprüft am 10.12.2021.

Adobe (2021): FAQ zum Lizenzvertrag von Adobe für Endanwender. Hg. v. Adobe.com. Online verfügbar unter https://helpx.adobe.com/de/x-productkb/policy-pricing/end-user-license-agreements-faq.html, zuletzt aktualisiert am 10.12.2021, zuletzt geprüft am 10.12.2021.

Baden-Württemberg.de (2016): Einsatz von Tablets am Gymnasium wird erprobt. Hg. v. Land BW. Online verfügbar unter https://www.baden-wuerttemberg.de/de/service/presse/pressemitteilung/pid/schulversuch-tablets-am-gymnasium/, zuletzt geprüft am 19.12.2021.

Beuth, Patrick (2021): Log4j-Sicherheitslücke: Wie löscht man ein brennendes Internet? In: DER SPIEGEL, 13.12.2021. Online verfügbar unter https://www.spiegel.de/netzwelt/web/log4j-sicherheitsluecke-wie-loescht-man-ein-brennendes-internet-a-27729847-8e28-4187-b4a2-468a45137fb4, zuletzt geprüft am 18.12.2021.

Bitglass (2018): Mission Impossible: Securing BYOD. Hg. v. Bitglass. http://www.bitglass.com/. Online verfügbar unter https://pages.bitglass.com/rs/418-ZAL-815/images/CDFY18SBMissionImpossibleSecuringBYOD.pdf?utm_source=email&utm_campaign=CDFY18SBMissionImpossibleSecuringBYOD, zuletzt geprüft am 18.12.2021.

BMAS: BMAS - Betrieblicher Infektionsschutz. Online verfügbar unter https://www.bmas.de/DE/Corona/Fragen-und-Antworten/Fragen-und-Antworten-ASVO/faq-corona-asvo.html#doc89168596-e024-487b-980f-e8d076006499bodyText4, zuletzt geprüft am 03.12.2021.

Böhm, Klaus (2013): Perspektive BYOD Private Hardware in Unternehmen. Unter Mitarbeit von Klaus Böhm, Adrian Kronauer, Erick Vandeweghe, Peter Wirnsperger. Hg. v. Deloitte. Online verfügbar unter https://docplayer.org/11767-Perspektive-byod-private-hardware-in-unternehmen.html, zuletzt geprüft am 03.12.2021.

Borski, Sonja (2016): Bring Your Own Device (BYOD). Online verfügbar unter https://www.die-bonn.de/wb/2016-neue-medien-01.pdf, zuletzt geprüft am 03.12.2021.

BSI (2021a): FragAttacks - Neue WLAN-Schwachstellen. Online verfügbar unter https://www.bsi.bund.de/SharedDocs/Cybersicherheitswarnungen/DE/2021/2021-216748-1032_v1_1.pdf?__blob=publicationFile&v=2, zuletzt geprüft am 10.12.2021.

BSI (2021b): Mehrere Schwachstellen in MS Exchange. Hg. v. Bundesamt für Sicherheit in der Informationstechnik. bsi.bund.de. Online verfügbar unter https://www.bsi.bund.de/SharedDocs/Cybersicherheitswarnungen/DE/2021/2021-197772-1132.pdf?__blob=publicationFile&v=21, zuletzt aktualisiert am 17.03.2021, zuletzt geprüft am 11.12.2021.

BSI (2021c): Presse - Update: Warnstufe Rot: Schwachstelle Log4Shell führt zu extrem kritischer Bedrohungslage. Online verfügbar unter https://www.bsi.bund.de/DE/Service-Navi/Presse/Pressemitteilungen/Presse2021/211211_log4Shell_WarnstufeRot.html, zuletzt aktualisiert am 16.12.2021, zuletzt geprüft am 18.12.2021.

Bundesregierung: Homeoffice überall da, wo es möglich ist. Online verfügbar unter https://www.bundesregierung.de/breg-de/themen/coronavirus/verordnung-zu-homeoffice-1841120, zuletzt geprüft am 03.12.2021.

CANCOM.info (2018): Wie Unternehmen mit dem Choose-Your-Own-Device-Konzept (CYOD) qualifizierte Bewerber anziehen und Mitarbeiter binden können - CANCOM.info. Online verfügbar unter https://www.cancom.info/2018/05/unternehmen-choose-your-own-device-cyod-apple/, zuletzt aktualisiert am 30.05.2018, zuletzt geprüft am 04.12.2021.

datenschutz-und-it-sicherheit.de (2021): Datenschutz und IT-Sicherheit - BYOD: Mehr Gefahren als Nutzen? Hg. v. a7digital GmbH. Online verfügbar unter https://www.datenschutz-und-it-sicherheit.de/it-sicherheit/bring-your-own-device/, zuletzt aktualisiert am 04.12.2021, zuletzt geprüft am 04.12.2021.

FaZ (2021): Bundesfinanzhof schaltet Website nach Hackerangriff ab. In: *Frankfurter Allgemeine Zeitung*, 17.12.2021. Online verfügbar unter https://www.faz.net/aktuell/wirtschaft/digitec/log4j-nach-hackerangriff-schaltet-bundesfinanzhof-website-ab-17689399.html, zuletzt geprüft am 18.12.2021.

Fujitsu (2021): Biometrie als Authentifizierungsmethode mit PalmSecure. Online verfügbar unter https://www.youtube.com/watch?v=bw4vYfMKl0c, zuletzt aktualisiert am 11.12.2021, zuletzt geprüft am 11.12.2021.

Kohne, Andreas (2015): Bring Your Own Device. Einsatz Von Privaten Endgeräten Im Beruflichen Umfeld - Chancen, Risiken und Möglichkeiten. Unter Mitarbeit von Sonja Ringleb und Cengizhan Yücel. Wiesbaden: Springer Fachmedien Wiesbaden GmbH. Online verfügbar unter https://ebookcentral.proquest.com/lib/kxp/detail.action?docID=4100549.

König Andrea (2020): Ein Drittel ignoriert BYOD-Verbote. Hg. v. IDG Tech Media GmbH. cio.de. Online verfügbar unter https://www.cio.de/a/ein-drittel-ignoriert-byod-verbote,2884760.

LMZ BW (2021): Produktbeschreibung. Hg. v. Landesmedienzentrum BW. Online verfügbar unter https://www.lmz-bw.de/netzwerkloesung/produkte-paedml/paedml-windows/produktbeschreibung/, zuletzt geprüft am 19.12.2021.

ManageEngine (2021): Mobile Device Management for Enterprises | MDM defined. Online verfügbar unter https://www.manageengine.com/products/desktop-central/mobile-device-management-mdm.html, zuletzt aktualisiert am 14.08.2021, zuletzt geprüft am 11.12.2021.

markusgross.de (2014): ByoD - Geschichte und Begriffsentstehung. Unter Mitarbeit von Marina vdF. Hg. v. markusgross.de. Online verfügbar unter https://www.markusgross.de/en/blogs/entry/28-byod-geschichte-und-begriffsentstehung, zuletzt geprüft am 03.12.2021.

Murauer, Robert: BYO[m]D - Bring Your Own [mobile] Device, Hamburg. Online verfügbar unter https://ediss.sub.uni-hamburg.de/bitstream/ediss/7073/1/Dissertation.pdf.

Nagel, Robert (2018): Neue Umfrage zu BYOD („Bring Your Own Device") 2018. Hg. v. everphone.com. Online verfügbar unter https://www.everphone.com/de/magazin/byod-umfrage-2018, zuletzt aktualisiert am 16.12.2021, zuletzt geprüft am 18.12.2021.

Nunes, Miguel Baptista; Isaías, Pedro; Powell, Philip (Hg.) (2016): 9th IADIS International Conference Information Systems 2016. Vilamoura, Portugal, 9-11 April, 2016. International Association for Development of the Information Society. Red Hook, NY: Curran Associates Inc. Online verfügbar unter https://www.diva-portal.org/smash/get/diva2:920380/FULLTEXT01.pdf, zuletzt geprüft am 04.12.2021.

Poguntke, Werner (2017): Basiswissen IT-Sicherheit. Das Wichtigste für den Schutz von Systemen und Daten. 3. Auflage. Berlin, Dortmund: Springer Campus (Informatik).

Schmidt, Jürgen (2021): FragAttacks: Neue Angriffe gefährden nahezu alle WLAN-Geräte. In: *heise online*, 12.05.2021. Online verfügbar unter https://www.heise.de/news/FragAttack-Neue-Angriffe-gefaehrden-nahezu-alle-WLAN-Geraete-6044590.html, zuletzt geprüft am 10.12.2021.

Sommerhäuser, Lea (2017): Ist BYOD in Deutschland angekommen? Hg. v. it-zoom.de. Online verfügbar unter https://www.it-zoom.de/mobile-business/e/ist-byod-in-deutschland-angekommen-17873/, zuletzt aktualisiert am 18.12.2021, zuletzt geprüft am 18.12.2021.

Statista (2015): IT-Security-Management im Handel in Deutschland 2015 | Statista. Hg. v. Statista. EHI Retail Institute. Online verfügbar unter https://de.statista.com/statistik/daten/studie/411044/umfrage/it-security-management-des-handels-in-deutschland/, zuletzt geprüft am 03.12.2021.

Strobel, Hannes (2013): Auswirkungen von ständiger Erreichbarkeit und Präventionsmöglichkeiten. Teil1: Überblick über den Stand der Wissenschaft und Empfehlungen für einen guten Umgang in der praxis. Hg. v. AOK-Bundesverband. Online verfügbar unter https://aok-bv.de/imperia/md/aokbv/verbraucher/gesundheitstipps/iga-report_23_teil1.pdf, zuletzt geprüft am 12.12.2021.

Susanne Dehmel (2013): Bring Your Own Device. 130304-LF-BYOD. Unter Mitarbeit von Beate Beißwenger, Sven Buschke, Susanne Dehmel, Stefan Dürnberger,„ Erika Friesen, Dr. Katharina Garbers-von Boehm, Arne Gattermann, Katja Gelhaar, Torsten Gudjons, Thomas Gronewald, Dr. Andreas Imping, Adina Kessler-Jensch, Christian Kloeppel, Jan Kochta, Lars Kroll, Thomas Kriesel, Lars Kripko, Dr. Lutz Neugebauer, Percy Ott, Tanja Pilachowski, Dr. Mario Rehse, Heiko Rudolph, Marcus Rumler, Daniel Sattelhak, Martin Schweinoch,„ Corinna Spohr. Hg. v. BITKOM. BITKOM. https://www.bitkom.org. Online verfügbar unter https://www.bitkom.org/sites/default/files/file/import/130304-LF-BYOD.pdf, zuletzt geprüft am 04.12.2021.

The Apache Software Foundation (2021): Log4j – Apache Log4j Security Vulnerabilities. Online verfügbar unter https://logging.apache.org/log4j/2.x/security.html, zuletzt geprüft am 18.12.2021.

Walter, Thorsten (2014): Bring your own Device – Ein Praxisratgeber. In: *HMD* 51 (1), S. 84–93. DOI: 10.1365/s40702-014-0003-6.

Walter, Thorsten; Dorschel, Joachim (2012): Mobile Device Management – rechtliche Fragen. In: *Wirtsch Inform Manag* 4 (3), S. 22–27. DOI: 10.1365/s35764-012-0137-7.